Nachtrag

zu

E. Rennebaum - F. Zitzlaff

Die deutschen Doppelbesteuerungsverträge

Nach dem Stand vom 1. Juli 1939

1939

Schweitzer Verlag / Berlin und München

Druck von Dr. F. P. Datterer & Cie., Freising-München

S. 15 am Ende des 3. Absatzes hinter Nr. 5 ansetzen: Siehe auch RFH. vom 25. 5. 1938, VI 276/38 = RStBl. 1938 S. 619, wo ausgeführt wird, daß einer ausländischen Firma nicht auferlegt werden kann, gemäß § 202 AO. ihre ausländischen Bücher vorzulegen.

S. 21 nach „zu behandeln" Zeile 20: So jetzt auch RFH. vom 28. 6. 1938, I 419/37 = S. 44, 243.

S. 23 in der 9. Zeile hinter „darstellen", ist folgender Satz einzufügen: Siehe hierzu RFH. S. 39, 300.

S. 39 Abschn. B A. 1 a. E.: Nach I 236/38 vom 22. 11. 1938 RFH. Bd. 45 S. 193 ist die Körperschaftsteuer einer Schweizer AG., die im Inland keine Betriebsstätte hat, aus ihrer Beteiligung an einer deutschen GmbH. durch den Steuerabzug abgegolten (KStG. § 19 Abs. 3). Die Einkünfte der Schweizer AG. aus der Beteiligung an einer inländischen GmbH. in Deutschland sind als Kapitaleinkünfte zu besteuern.

S. 39 Abschn. B A. 2 a. E. anfügen: Vgl. aber auch I A 250/28 vom 30. 5. 1928, StW. 1928 Nr. 696. Ein inländischer Gewerbetreibender, der auf seinen tschechoslowakischen Betrieb eine Schuld aufgenommen hatte, kann nach Untergang des ausländischen Betriebes die Schuld vom inländischen Betriebsvermögen abziehen (vgl. S. 64). VI 735/38 vom 7. 12. 1938, StW. 1939 Nr. 30 hat ähnlich entschieden in einem Falle, wo ein inländischer Steuerpflichtiger eine betriebliche Leibrente an einen früher in seinem ausländischen Betrieb beschäftigten Angestellten zu zahlen hatte, der ausländische Betrieb aber nicht zahlen konnte, so daß der Steuerpflichtige aus inländischem Betrieb zahlen mußte.

S. 39 Abschn. B A. 2 anfügen: Nach I 143/37 vom 12. April 1938, RFH. Bd. 43 S. 321 sind Inländer, die nach dem Gewinn besteuert werden, nicht berechtigt, Abschreibungen wegen Wertminderung eines in Danzig belegenen Hausgrundstücks zu Lasten des inländischen Gewinns vorzunehmen.

S. 42 Abschn. B B. II dem Abs. 2 anfügen: Erl. des RdF. vom 5. 7. 1937 (S. 2130 — 175 III) RStBl. 1937 S. 829: In den Fällen, wo nach Einnahme und Ausgabe versteuert wird, sind zur Vermeidung von Härten die Zahlungen an die Konversionskasse so zu behandeln, als seien sie erst im Zeitpunkt der Aushändigung der Fundierungsbonds oder Zahlung in Devisen oder Reichsmark durch die Konvensionskasse dem Gläubiger zugeflossen. Vgl. auch Erl. des RdF. vom 1. 6. 1938 (S. 2116 — 6 III) RStBl. 1938 S. 569, Rogge, Steuerwarte 1938 S. 481. Nach VI 356/38 vom 20. 7. 1938, StW. 1938 Nr. 526 bezieht sich dieser Erlaß nicht auf die Steuerpflichtigen, die nach dem Gewinn veranlagt werden (vgl. Ziff. 8 des Erl. vom 5. 7. 1937 RStBl. 1937 S. 830).

S. 42 Abschn. B B. II am Ende des 2. Abs. einschalten: VI 151/38 vom 16. 3. 1938, RStBl. 1938 S. 644 legt dar, daß für die Anwendung des Steuertarifs nicht der Gewinn einer OHG., sondern nur das Einkommen des einzelnen Gesellschafters in Betracht käme, da nur die einzelne natürliche Person — oder eine Körperschaft — zu veranlagen sei.

S. 45 Abschn. B B. II 2 hinter der 3 Zeile einzuschalten: III 78/38 vom 14. 7. 1938, RFH. Bd. 44 S. 213 spricht aus, daß, wenn in beiden Staaten eine Betriebsstätte des Unternehmens ist, jeder Staat die Vermögensteuer von dem Teil des Gesamtvermögens erheben kann, der dem Betrieb seiner Betriebsstätte dient. I 369/36 vom 13. 7. 1938, RFH. Bd. 44, 239 behandelt die Ermittlung der inländischen Einkünfte beschränkt steuerpflichtiger Personen, die im Inland lediglich Verkaufstätigkeit betreiben. Bei der Zurückverweisung bemerkt das Urteil „wenn das FA. zu dem Ergebnis kommt, daß der Erfolg in gleichem Maße der Herstellungs- wie der Vertriebstätigkeit zuzuschreiben ist, so wird es vom Gesamtgewinn die Hälfte als Einkommen der inländischen Betriebsstätte betrachten können.“ Vgl. auch Bühler „Die Körperschaftsteuerpflicht ausländischer Produktionsgesellschaften mit inländischen Vertriebsgesellschaften“. StW. 1935 Bd. 1 S. 164 ff.

S. 50 Abschn. B B. II 4. hinter Balzer „Beschränkte Lohnsteuerpflicht“ usw. einzuschalten: „vgl. auch Oeftering, das gesamte Lohnsteuerrecht zu § 40 der LStDVO. S. 306 ff.

S. 50 Abschn. B B. II 4. nach der 2. Zeile einschalten: VI A 988/31 und 1252/31 vom 25. 4. 1933, RFH. 35, 114 nimmt an, daß im Sinn des Art. 7 des deutsch-italienischen Doppelbesteuerungsabkommens die persönliche Tätigkeit eines leitenden Angestellten eines inländischen Unternehmens in dem Staat ausgeübt wird, wo die Geschäftsleitung des Unternehmens ist. Eine Ausnahme könnte nur in Frage kommen, wenn der leitende Angestellte im Ausland ausschließlich ausländische Interessen der Firma wahrzunehmen hat. Das gleiche hat IV 18/36 vom 12. 5. 1938, StW. 1938 Nr. 538 für Art. IV des deutsch-schweizerischen Doppelbesteuerungsabkommens angenommen. Diese Rechtsprechung schließt sich der S. 49 dargestellten Rechtsprechung bezüglich der Aufsichtsratsmitglieder an.

S. 55 Abschn. B B. II 5 b Zeile 6: So auch IV 202/37 vom 10. 3. 1938, RFH. 43, 266. Danach unterliegen Zinsen für eine Forderung, die auf einem deutschen Grundstück sichergestellt ist, auch dann der deutschen Besteuerung, wenn der Gläubiger und Schuldner in der Schweiz wohnen und der Schuldner die Zinsen mit Einkünften aus der Schweiz begleicht. Diese Entscheidung ist wohl nicht unbedenklich. Zum mindesten scheint sie nicht für den Fall zuzutreffen, daß die Sicherung durch das deutsche Grundstück überhaupt nicht in Anspruch genommen wird, insbesondere wenn ein Dritter mit dem Grundstück in ähnlicher Weise wie durch eine Bürgschaft die Sicherheit gewährt.

S. 57 Abschn. B B. II 6 a. E. anfügen: I 303/37 vom 8. 11. 1938, RFH. 45, 349. Eine ausländische Firma hat für die Anfertigung von Katalysatoren, für die sie ein Reichspatent hat, einer inländischen Firma die Lizenz erteilt, die die Katalysatoren auch ins Ausland liefert. Die ausländische Firma zieht aber von dem ausländischen Abnehmer die Lizenzgebühr für den Gebrauch der Katalysatoren direkt ein. Die ausländische Firma unterliegt mit dieser Gebühr nicht der Besteuerung nach den §§ 49 Ziff. 6, 21 Ziff. 3 EStG.

S. 62 Abschn. B B. IV hinter Zeile 14 einschalten: III A 132/36 vom 28. 4. 1938, RFH. 43, 345. Bei Forderungen eines Ausländers an einen Inländer rechtfertigen die sich aus der Devisengesetzgebung ergebenden Erschwerungen der Verwertung und der Rückzahlung keine Bewertung unter den Nennwert.

S. 63 Abschn. B B. IV zu Ziff. 4 anfügen: Nach III 288/38 vom 24. 11. 1938, RFH. 45, 258 gehören geschützte Erfindungen zum sonstigen Vermögen und deshalb zum Inlandsvermögen nach § 77 Abs. 2 Ziff. 4 RBewG., auch wenn die Voraussetzungen des 4. Satzes des § 67 Ziff. 5 nicht vorliegen.

S. 64 Abschn. B B. IV a. E. anzufügen: III 71/38 vom 14. 7. 1938, RFH. 44, 211 erkennt wirtschaftlichen Zusammenhang zwischen Inlandsvermögen und darauf lastender Hypothek in dem Falle an, wo eine Aktionärin einer AG. deren Grundstück mit darauf lastender Hypothek im Laufe der Liquidation erworben hatte.

S. 64 Abschn. B B. IV Anmerkung 1 anfügen: Die Entscheidung III 224/37 vom 17. 2. 1938 ist abgedruckt. RFH. 43, 227.

S. 67 B B. V 1 am Ende des 2. Absatzes einschalten: IV. B 9/38 vom 10. 2. 1939 StW. 1939 Nr. 266 = RStBl. 1939, 371 behandelt einen unverh. 30jährigen Steiger, der an seinem Arbeitsort ein Schlafzimmer hat, und im übrigen die Wohnräume seines Quartiergebers, von dem er auch verpflegt wird, mitbenutzt. Zum Wochenende fährt er regelmäßig zu seiner Mutter, bei der ihm ein Zimmer zur freien Verfügung steht. Der RFH. entscheidet, daß ein 30jähr. unverh., einen Beruf ausübender Mann, der am Arbeitsort eine seinen Verhältnissen entsprechende Wohnung hat, dort auch Wohnsitz hat. Auf die Absicht, einen Wohnsitz zu begründen, kommt es nicht an. Auch daß er zu seiner Mutter regelmäßig fährt und daß ihm dort ein Zimmer freigehalten wird, ist steuerlich ohne Bedeutung; vgl. auch Becker StW. 1939 Abt. I Sp. 553.

S. 68 Abschn. B B. V 1 anfügen: Nach III 175/38 vom 30. 6. 1938, StW. 1938 Nr. 443 — ergangen in Reichsfluchtsteuersachen — kann der Wohnsitz im Inland als aufgegeben angenommen werden, wenn der StPfl. an der Rückkehr ins Inland und der Weiterbenutzung seiner inländischen Wohnung durch schwere Krankheit dauernd oder für unabsehbare Zeit gehindert wird. Die Aufgabe des Wohnsitzes ist für den Zeitpunkt anzunehmen, in dem die Rückkehr unmöglich geworden ist.

S. 71 Abschn. B B. V 1 muß es im ersten Absatz statt VI A 631/36 vom 13. 4. 1937, StW. 1937 Nr. 242 heißen: „VI A 631/36 vom 10. 3. 1937, StW. 1937 Nr. 342 = RStBl. 1937, 498."

S. 71 Abschn. B B. V 1 nach dem 1. Abs. Zeile 12 einschalten: Ähnlich III 365/37 vom 17. 11. 1938, RStBl. 1938 S. 1122.

S. 73 Abschn. B B. V 1 nachzufügen: Wenn ein zum 1. 10. 1937 versetzter Offizier, der am neuen Standort keine Familienwohnung findet, und deshalb dort möbliert wohnt, seine Wohnung im alten Standort aufgibt und seine Familie dort in einer kleinen Behelfswohnung unterbringt, so hat er im alten Standort keinen Wohnsitz mehr (IV B 1/38 vom 13. 10. 1938, RFH. 45, 76 in einer Bürgersteuersache).

S. 73 Abschn. B B. V 2 in der 7. Zeile vor „Nach dem Doppelbesteuerungsabkommen" einschalten: Nach III 170/38 vom 23. 6. 1938, StW. 1938 Nr. 442 behält jemand, der ins Ausland verzieht, in Deutschland durch Beibehaltung eines möblierten Zimmers, das er auch regelmäßig benutzt, den gewöhnlichen Aufenthalt bei.

S. 75 Abschn. B B. V 2 anfügen: Nach IV 12/38 vom 19. 5. 1938, StW. 1938 Nr. 347 kann gewöhnlicher Aufenthalt unter besonderen Umständen auch ein Aufenthalt im Krankenhause sein.

S. 78 Abschn. B B. V 2 oberster Abs. a. E. einschalten: So auch VI 261/38 vom 30. 11. 1938, StW. 1939 Nr. 16.

S. 78 Abschn. B B. V 2 vorletzten Absatz anfügen: Nach § 2 der Verordnung zur Durchführung des Bürgersteuergesetzes vom 17. 10. 1934 begründet § 14 Abs. 3 StAnpG. nicht die Bürgersteuerpflicht an dem Ort der Geschäftsleitung oder des Sitzes. IV 213/38 vom 25. 10. 1938, RFH. 45, 252, vgl. auch BStG. vom 20. 11. 1937 § 2 Abs. 2.

S. 89 Abschn. B B. V 5 a. E. anfügen: III 40/38 vom 23. 6. 1938, StW. 1938 Nr. 507 behandelt den Fall, daß eine holländische AG., deren Anteile deutschen Kaufleuten gehören, für sie Rohstoffe im Ausland einkauft. Das Urteil nimmt die Geschäftsleitung in Deutschland an, weil in Deutschland und von den deutschen Aktienbesitzern der für die Geschäftsleitung maßgebende Wille gebildet würde (StAnpG. § 15 Abs. 1). Es komme nicht darauf an, wo die Willenserklärungen wirksam werden.

S. 97 Abschn. B C. 3 a. E. des 1. Abs. einschalten: I 419/37 vom 28. 6. 1938, RFH. 44, 243 hat die Auffassung der Entscheidung 1 A 614/29 vom 5. 11. 1929, StW. 1930 Nr. 430 ausdrücklich aufgegeben. I 419/37 erkennt an, daß der deutsch-österreichische Doppelbesteuerungsvertrag auf die Angehörigen der beiden Vertragsstaaten beschränkt ist.

S. 99 Abschn. B C. 4 2. Abs. a. E.: Der Satz „die Frage ist wohl noch nicht endgültig geklärt" ist zu streichen. Statt dessen ist zu setzen: Diese Auffassung ist neuerdings berichtigt worden (vgl. Nachtrag zu B C. 8 S. 106, RFH. 44 S. 32).

S. 100 Abschn. B C. 4 hinter Zeile 15: I 42/38 vom 30. 11. 1938, RStBl. 1939 S. 544 behandelt den Fall, daß eine Schweizer AG. einer inländischen OHG., deren Gesellschafterin sie ist, ein Darlehen gegeben hat. Der RFH. nimmt entsprechend § 15 Ziff. 2 EStG. an, daß es sich bei den der AG. zugeflossenen Darlehnszinsen um betriebliche Einkünfte aus ihrer gewerblichen Tätigkeit in der OHG. handle und daß diese Vorschrift auch für das deutsch-schweizerische Doppelbesteuerungsabkommen zu gelten habe. Dem ist zuzustimmen, zumal davon auszugehen ist, daß die Vertragschließenden die schon damals vorhandene Rechtsprechung des RFH. dem DoppelbestA. zugunde gelegt haben.

S. 102 Abschn. B C. 4 ist a. E. einzuschalten: Vgl. Nachtrag zu B B. II 4 S. 50 bezüglich Ausübung der persönlichen Tätigkeit in Art. 7 des deutsch-italienischen Doppelbesteuerungsabkommens und Art. 4 des deutsch-schweizerischen Doppelbesteuerungsabkommens.

S. 103 Abschn. B C. 5 a. E. einschalten: I 419/37 vom 28. 6. 1938, RFH. 44, 243 behandelt den Fall, daß ein italienisches Bankunternehmen, das in Deutschland keine Betriebsstätte hat, Gläubiger einer auf einem Berliner Grundstück ruhenden Grundschuld von 170000 *RM* ist. Das Urteil nimmt an, daß die Rechtsprechung zu § 49 EStG. (vgl. S. 47 ff.) auch hier anzuwenden sei und daß deshalb, da gewerbliche Einkünfte in Deutschland mangels einer Betriebsstätte steuerlich nicht in Betracht kämen, die Einkünfte aus der Grundschuld nach Art. 2 und 8 des Doppelbesteuerungsvertrags der deutschen Besteuerung unterliegen. Dem Ergebnis, zu dem das Urteil gelangt, ist zuzustimmen. Die Begründung ist aber nicht ohne Bedenken. Wie S. 102 ausgeführt, ist der Doppelbesteuerungsvertrag in erster Linie aus sich selbst heraus auszulegen. Man wird deshalb annehmen müssen, daß zu den gewerblichen Einkünften in Art. 3 an sich auch die Einkünfte aus der Grundschuld gehören, zumal sie zum mindesten nach deutschem Recht gewerbliche Einkünfte sind. Man muß aber den Art. 2 und 8, die gleichberechtigt neben Art. 3 stehen, entnehmen, daß Art. 3 insoweit nicht Platz greift, als es sich um Einkünfte aus unbeweglichem Vermögen handelt. Diese fallen nach Art. 2 dem Belegenheitsstaate zu.

S. 103 Abschn. C C. 6 8. Zeile einzuschalten: Nach VI/537 38 vom 21. 12. 1938, StW. 1939 Nr. 228 kann der Steuerpflichtige die Tatsachen, die die Steuerbehörde dafür anführt, daß eine Gewinnminderung möglich sei, bestreiten oder dartun, daß diese Tatsachen zu einer Gewinnminderung nicht führen konnten. Hieran kann die Steuerbehörde nicht vorbeigehen. Nach VI 419/38 vom 30. 11. 1938, RStBl. 1939 S. 235 stellt der Lizenzvertrag eines Inländers mit einer ausländ. Gesellschaft, deren Geschäftsführer der Inländer ist, eine besondere Beziehung im Sinne des § 30 EStG. dar.

S. 103 Abschn. B C. 6 Abs. 1 anfügen: Vgl. auch VI 419/38 vom 30. 11. 1938, StW. 1939 Nr. 31. Auch nach dieser Entscheidung kommt in diesen Fällen eine einheitliche Gewinnfeststellung nicht in Betracht.

S. 106 Abschn. B C. 8 am Schluß anzufügen: VI 332/37 vom 27. 4. 1938, RFH. 44, 32 hat für den Fall, daß der Doppelbesteuerungsvertrag die Einkünfte aus Beteiligungen an Kapitalgesellschaften als Kapitaleinkünfte betrachtet, im Einvernehmen mit dem RdF. ausgesprochen, daß Gewinne aus der Veräußerung wesentlicher Beteiligungen als Kapitaleinkommen im Sinn des Doppelbesteuerungsabkommens anzusehen sind.

S. 110 hinter Abschn. B C. 19 einzuschalten: 20. Wahlkonsuln meistbegünstigter Staaten.

Diese unterliegen nach VI 708/37 vom 4. 5. 1938, RFH. 44, 33 mit ihren ausländischen Einkünften — abgesehen von ihren Dienstbezügen — der deutschen Einkommensteuer.

S. 117. Als neuer Endsatz zu Art. II Anm. 3:

Nicht zu den Nutzungen eines Grundstücks gehören die Vorteile, die sich aus der Veräußerung oder Verpfändung ziehen lassen, denn Vorteile, die lediglich *mittelst* der Sache gezogen werden, sind keine Nutzungen (RGZ. 136, 135).

S. 118 unter Anm. 2 a als neuer 3. Satz hinter „*Anwendung*":

Siehe hierzu RFH. vom 16. 3. 1938 VI 151/38 = RStBl. 1938 S. 644, wo dargelegt ist, daß für die Anwendung des Steuertarifs nicht der Gewinn einer oHG., sondern nur das Einkommen des einzelnen Gesellschafters in Betracht komme, da nur die einzelnen natürlichen Personen oder eine Körperschaft zu veranlagen seien.

S. 119 unter Anm. 2 b als vorletzten Satz:

Für das Doppelbesteuerungsrecht ist diese Auffassung vom RFH. nicht anerkannt worden in der Entsch. vom 28. 6. 1938 I 419/37, wo gesagt wird, daß stets die *rechtliche* nicht wirtschaftliche Selbständigkeit und Zugehörigkeit maßgebend sei.

S. 120 Zeile 17 hinter „320":

sowie RFH. vom 17. 4. 1938 VI 332/37 = S. 44, 32.

S. 121 als Endsatz zu Art. III Anm. 5 nach „424:

Nach der Entscheidung RFH. vom 30. 5. 1928 I A 250/28 = StW. 1928 Nr. 696 darf aber ein inländischer Gewerbetreibender, der auf seinem tschechischen Betriebe eine Schuld aufgenommen hat, nach Untergang des ausländischen Betriebes die Schuld vom inländischen Betriebsvermögen abziehen.

S. 173 zu Art. 7 Anm. 3 als neuen 2. Absatz:

Vgl. im übrigen zu Art. 7 Runderlaß des RFM. vom 13. 9. 1938 = RStBl. 1938 S. 859.

S. 174 zu Art. 8 Anm. 2 als neuen dritten Satz:

Das hat auch der RFH. in seiner Entsch. vom 28. 4. 1938 I 419/37 = S. 44, 243 ausdrücklich anerkannt.

S. 178 zu Art. 12 Anm. 3 in Zeile 8 vor „Vgl.":

So auch RFH. vom 14. 7. 1938 III 78/38 = RStBl. 1938 S. 937.

S. 191 am Ende des 1. Absatzes nach „schaffen", folgender Satz:

Nach RFH. vom 12. 4. 1938 I 143/37 = RStBl. 1938 S. 620 ist eine Abschreibung wegen Wertminderung eines in der Freien Stadt Danzig gelegenen Hausgrundstücks, das einer Kapitalgesellschaft mit Ort der Leitung in Deutschland gehört, an dem in Deutschland steuerpflichtigen Einkommen oder Gewinn nicht zulässig.

S. 195 zu § 6 Anm. 2:

Durch Rderl. des RFM. vom 26. 4. 1939 (S. 1301 B. Dz — 101 III d = RStBl. 1939 S. 649) Nr. 3 ist aber bestimmt worden, daß bei den in § 2 bestimmten Personen von der Erhebung der Abgabe der Aufsichtsratsmitglieder hinsichtlich solcher Tantiemen abzusehen ist, die von Danziger Unternehmen (Unternehmen mit Sitz und Ort der Leitung im Gebiet der Freien Stadt Danzig) gewährt werden. Die Anordnung gilt erstmalig für 1938.

S. 196 neue Anm. 1 zu § 1:

Die Vermögensbesteuerung der Beteiligung an einem Handelsgewerbe als stiller Gesellschafter regelt sich nach dem Rderl. des RFM. vom 26. 4. 1939 (vgl. S. 195) vom Rechnungsjahr 39/40 ab entsprechend der Besteuerung der Einkünfte aus solcher Beteiligung.

S. 205 zu Art. 2 Anm. 1 als neuer Endsatz zu Absatz 2 hinter „erklärt sind":

Durch Notenwechsel der deutschen und schwedischen Regierung vom 15. 4. 1938 = RStBl. 1938 I S. 521, 530 sollen während der Geltungsdauer des Abkommens Einkünfte aus Waldnutzungen nach den Grundsätzen behandelt werden, die für Einkünfte aus unbeweglichem Vermögen gelten ohne Rücksicht auf die rechtliche Qualität des Nutzungsberechtigten.

S. 227 nach der Schlußbemerkung zu Art. 3 des deutsch-dänischen Abkommens ist anzufügen:

Inzwischen ist die VO. zur Vermeidung der Doppelbesteuerung im Verhältnis zum Königreich Dänemark vom 13. 3. 1939 = RGBl. 1939 II S. 221 ergangen. Sie lautet:

Verordnung zur Vermeidung der Doppelbesteuerung im Verhältnis zum Königreich Dänemark.

Vom 11. März 1939.

Auf Grund des § 15 der Reichsabgabenordnung wird das folgende verordnet:

Zur Vermeidung der Doppelbesteuerung auf dem Gebiet der Einkommensteuer, der Körperschaftsteuer und der Vermögensteuer im Verhältnis zum Königreich Dänemark ist die nachstehend veröffentlichte Vereinbarung des Reichsministers der Finanzen und des Königlich Dänischen Finanzministers vom 16. Dezember 1938 anzuwenden.

Berlin, 11. März 1939.

Der Reichsminister der Finanzen.

Im Auftrag: Hedding.

Der Reichsminister der Finanzen und der Königlich Dänische Finanzminister, zugleich im Namen des Ministers des Innern, haben zur Durchführung des Artikels 1 des vorläufigen deutsch-dänischen Abkommens vom 14. Februar 1928 zur Beseitigung der Doppelbesteuerung auf dem Gebiet der Einkommen- und Vermögenbesteuerung folgende Bestimmungen vereinbart:

Art. 1.

Diese Vereinbarung findet Anwendung auf deutsche und dänische Staatsangehörige und juristische Personen.

Art. 2.

Hinsichtlich solcher Personen, die in keinem der beiden Staaten die Staatsangehörigkeit besitzen, können die obersten Finanzbehörden von Fall zu Fall besondere Vereinbarungen zur Vermeidung der Doppelbesteuerung treffen. Dabei sollen insbesondere die Angehörigen solcher Staaten berücksichtigt werden, die mit beiden Staaten Abkommen zur Vermeidung der Doppelbesteuerung abgeschlossen haben.

Art. 3.

Diese Vereinbarung findet auf solche Personen, welche die von ihnen geschuldete deutsche Reichsfluchtsteuer nicht entrichtet haben, keine Anwendung. Ferner findet die Vereinbarung keine Anwendung auf solche Personen, bei denen nur deshalb die Voraussetzungen für die Erhebung der deutschen Reichsfluchtsteuer nicht vorliegen, weil sie einen Wohnsitz oder gewöhnlichen Aufenthalt im Sinn des deutschen Steuerrechts im Deutschen Reich haben.

Art. 4.

Diese Vereinbarung schließt nicht aus, daß dänischerseits nach den Vorschriften verfahren wird, die sich auf die Nachbesteuerung solcher Personen beziehen, die sich durch Wohnsitzverlegung ihrer Steuerpflicht in Dänemark entzogen haben.

Art. 5.

Steuern, welche die Einkünfte aus unbeweglichem Vermögen treffen, werden nur in dem Staat erhoben, in dem sich die Liegenschaft befindet.

Art. 6.

(1) Steuern, welche die Einkünfte aus dem Betrieb von Handel, Industrie oder sonstigem Gewerbe jeder Art treffen, werden vorbehaltlich der Bestimmung im Art. 7 nur in dem Staat erhoben, in dessen Gebiet das Unternehmen seine Betriebstätte hat.

(2) Betriebstätte im Sinn dieser Vereinbarung ist eine ständige Geschäftseinrichtung des Unternehmens, in welcher die Tätigkeit dieses Unternehmens ganz oder teilweise ausgeübt wird.

(3) Als Betriebstätten in diesem Sinn gelten außer dem Sitz und dem Ort der Leitung des Unternehmens die Zweigniederlassungen und Filialen, die Fabrikations- und Werkstätten, die Einkauf- und Verkaufsstellen, die Lager und anderen Handelsstätten, die den Charakter einer ständigen Geschäftseinrichtung haben, sowie ständige Vertretungen.

(4) Unter den Begriff der Betriebstätte in diesem Sinn fällt nicht das Unterhalten von Geschäftsbeziehungen lediglich durch einen völlig unabhängigen Vertreter (z. B. Kommissionär). Das gleiche gilt für das Unterhalten eines Vertreters (Agenten), der zwar ständig für natürliche Personen oder Körperschaften des einen Staates in dem Gebiet des anderen Staates tätig ist, aber lediglich Geschäfte vermittelt, ohne zum Abschluß von Geschäften für die vertretene Firma bevollmächtigt zu sein.

(5) Bauausführungen, deren Dauer 12 Monate nicht überschritten hat oder voraussichtlich nicht überschreiten wird, werden in keinem Fall als Betriebstätten angesehen.

(6) Hat das Unternehmen Betriebstätten in beiden Staaten, so wird jeder der beiden Staaten die Steuern von dem Teil der Einkünfte erheben, die durch die Tätigkeit der in seinem Gebiet befindlichen Betriebstätten erzielt wird.

Art. 7.

Steuern, welche die Einkünfte aus dem Betrieb von Unternehmungen der Seeschiffahrt und der Luftfahrt treffen, werden nur in dem Staat erhoben, in dem sich der Ort der Leitung des Unternehmens befindet.

Art. 8.

Steuern, welche die Einkünfte aus freien Berufen treffen, werden nur in dem Staat erhoben, in dessen Gebiet die persönliche Tätigkeit ausgeübt wird, aus der die Einkünfte herrühren. Die Ausübung eines freien Berufes in einem der beiden Staaten liegt nur dann vor, wenn die Berufstätigkeit in diesem Staat einen festen Mittelpunkt hat.

Art. 9.

Steuern, welche die Einkünfte aus Tantiemen der Aufsichtsrats-(Verwaltungsrats-)mitglieder treffen, werden nur in dem Staat erhoben, in dem sich der Ort der Leitung des die Tantiemen gewährenden Unternehmens befindet.

Art. 10.

(1) Steuern, welche die Einkünfte aus beweglichem Kapitalvermögen treffen, werden nur in dem Staat erhoben, in dem der Steuerpflichtige seinen Wohnsitz hat.

(2) Soweit in einem der beiden Staaten die Steuer von inländischen Kapitalerträgen im Abzugsweg (an der Quelle) erhoben wird, wird das Recht zur Vornahme des Steuerabzugs durch die Bestimmung des Absatzes 1 nicht berührt.

Art. 11.

Mit Rücksicht auf die zur Zeit zwischen den Steuergesetzgebungen der beiden Staaten bestehenden Verschiedenheiten wird jeder der Staaten, insoweit es sich um folgende Gegenstände der Besteuerung handelt, bis zum Abschluß besonderer Vereinbarungen nach seiner eigenen Gesetzgebung verfahren:

a) Einkünfte aus hypothekarisch gesicherten Forderungen,
b) Einkünfte, die auf Grund einer gegenwärtigen oder früheren Dienst- oder Arbeitsleistung in Form von Besoldungen, Ruhegehältern, Löhnen oder anderen Bezügen vom Staat, von einem Land, von einer Provinz, einer Gemeinde oder einer anderen juristischen Person des öffentlichen Rechts gewährt werden,
c) Einkünfte aus Geldfideikommissen sowie aus Ablösungssummen für Fideikommisse (mit Einschluß dänischer Lehen und Stammhäuser).

Art. 12.

Steuern, die irgendeine andere, in den vorhergehenden Artikeln nicht bezeichnete Art von Einkünften treffen, werden nur in dem Staat erhoben, in dem der Steuerpflichtige seinen Wohnsitz hat.

Art. 13.

Studenten, die sich in einem der beiden Staaten nur zu Studienzwecken aufhalten, werden in diesem Staat wegen der Bezüge, die sie von den in dem anderen Staat wohnhaften und dort steuerpflichtigen Angehörigen empfangen, sowie wegen der Stipendien, die ihnen aus dem Heimatland zufließen, keiner Besteuerung unterworfen; diese Bestimmung kommt jedoch nicht zur Anwendung, falls solche Bezüge das zum Unterhalt und Studium Notwendige übersteigen.

Art. 14.

Für laufende und einmalige Steuern vom Vermögen oder Vermögenszuwachs, die in den beiden Staaten bestehen oder eingeführt werden, gelten folgende Bestimmungen:

1. Soweit das Vermögen aus
   a) unbeweglichem Vermögen mit Einschluß des Zubehörs,
   b) Unternehmen von Handel, Industrie oder sonstigem Gewerbe jeder Art einschließlich der Unternehmen der Seeschiffahrt und der Luftfahrt

   besteht, wird die Steuer in dem Staat erhoben, dem nach den vorhergehenden Bestimmungen die Steuer von den Einflüssen aus diesem Vermögen zusteht.

2. Für alle anderen Arten des Vermögens wird die Steuer in dem Staat erhoben, in dem der Steuerpflichtige seinen Wohnsitz hat, mit Ausnahme der hypothekarisch gesicherten Forderungen, der Geldfideikommisse sowie der Ablösungssummen für Fideikommisse (mit Einschluß dänischer Lehen und Stammhäuser), bei denen jeder Staat nach seiner Gesetzgebung verfahren wird.

Art. 15.

Durch diese Vereinbarung ist der Staat, in dem der Steuerpflichtige seinen Wohnsitz hat, nicht gehindert, das der ausschließlichen Besteuerung durch den anderen Staat vorbehaltene Einkommen oder Vermögen bei Feststellung der Steuer zu berücksichtigen. Dies kann entweder in der Weise geschehen, daß das ausländische Einkommen oder Vermögen selbständig nach den inländischen Gesetzen veranlagt und die veranlagte Steuer von der nach dem Gesamteinkommen oder Gesamtvermögen veranlagten Steuer abgezogen wird, oder in der Weise erfolgen, daß ein höherer Steuersatz angewendet wird als derjenige, der dem nach dieser Vereinbarung in dem Wohnsitzstaat zu besteuernden Einkommen und Vermögen entspricht. Im letzten Fall darf jedoch die Steuer den Hundertsatz des Einkommens oder Vermögens nicht überschreiten, der sich ergeben würde, wenn auch das nach dieser Vereinbarung in dem anderen Staat zu besteuernde Einkommen und Vermögen im Wohnsitzstaat zu versteuern wäre.

Art. 16.

(1) Als Wohnsitz im Sinn dieser Vereinbarung wird der Ort angesehen, wo der Steuerpflichtige eine Wohnung innehat unter Umständen, die darauf schließen lassen, daß er die Wohnung beibehalten und benutzen wird.

(2) Liegen die Voraussetzungen des Absatzes 1 gleichzeitig in beiden Staaten vor, so werden die obersten Finanzbehörden der beiden Staaten von Fall zu Fall besondere Vereinbarungen treffen.

(3) Liegen die Voraussetzungen des Absatzes 1 in keinem der beiden Staaten vor, so gilt als Wohnsitz des Steuerpflichtigen der Ort, an dem er seinen gewöhnlichen Aufenthalt hat. Einen gewöhnlichen Aufenthalt im Sinn dieser Bestimmungen hat jemand dort, wo er sich unter Umständen aufhält, die erkennen lassen, daß er an diesem Ort oder in diesem Land nicht nur vorübergehend verweilt. Besteht auch in keinem der beiden Staaten ein gewöhnlicher Aufenthalt, so wird ein Wohnsitz in dem Staat angenommen, dessen Staatsangehörigkeit der Steuerpflichtige besitzt.

(4) Als Wohnsitz der juristischen Personen im Sinn dieser Vereinbarung gilt der Ort ihrer Leitung.

Art. 17.

(1) Mit Bezug auf den Eintritt und das Aufhören der Steuerpflicht im Fall der Wohnsitzverlegung eines Steuerpflichtigen von dem einen Staat in den anderen wird jeder Staat nach seiner Gesetzgebung unter Berücksichtigung der Bestimmungen dieser Vereinbarung verfahren.

(2) Tritt infolge der Wohnsitzverlegung eine besonders drückende Besteuerung der betreffenden Person ein, so können die obersten Finanzbehörden der beiden Staaten durch Vereinbarung von Fall zu Fall Abhilfe schaffen.

Art. 18.

(1) Weist ein Steuerpflichtiger nach, daß die Maßnahmen der Finanzbehörden der beiden Staaten für ihn die Wirkung einer Doppelbesteuerung gehabt haben, so kann er hiergegen bei dem Staat, dem er angehört, Einspruch erheben. Wird der Einspruch für begründet erachtet, so kann die oberste Finanzbehörde dieses Staates sich mit der obersten Finanzbehörde des anderen verständigen, um in billiger Weise eine Doppelbesteuerung zu vermeiden.

(2) Zur Beseitigung von Doppelbesteuerungen in Fällen, die in dieser Vereinbarung nicht geregelt sind, sowie auch in Fällen von Schwierigkeiten oder Zweifeln bei der Auslegung und Anwendung dieser Vereinbarung können die obersten Finanzbehörden der beiden Staaten besondere Vereinbarungen treffen.

Art. 19.

Diese Vereinbarung findet auf die Steuern Anwendung, die für die Zeit vom 1. April 1939 ab erhoben werden.

S. 232 zu Art. 3 Anm. 2 am Ende des 1. Absatzes hinter „gelten" 2 neue Sätze:

Nach RFH. vom 28. 11. 1938 I 236/38 = JW. 1939 S. 374 ist die Körperschaftssteuer einer schweizerischen AG., die nach deutschem Steuerrecht im Inlande weder einen gewerblichen noch einen land- oder forstwirtschaftlichen Betrieb unterhält, aus der Beteiligung an einer deutschen GmbH. durch den Steuerabzug als abgegolten anzusehen. Ob Zinseinkünfte einer schweizerischen AG. aus Darlehen an eine inländische Personalgesellschaft, deren Gesellschafterin (Mitunternehmerin) die AG. ist, zu den inländischen Einkünften gehören, richtet sich nach deutschem Recht. Die Darlehenszinsen gehören zu den Einkünften der Betriebsstätte, der das Darlehen gewährt ist (RFH. vom 30. 11. 1938 I 42/38 = RStBl. 1939 S. 544.

S. 234 zu Art. 4 Anm. 1 Abs. 2 nach „liegt", folgende neue Sätze:

Die Tätigkeit eines in der Schweiz wohnenden Direktors einer deutschen AG. gilt als im Inlande ausgeübt, weil eine solche Tätigkeit ihrer Natur nach nur im Inlande ausgeführt werden kann. Steuerabzug im Inlande daher zulässig (RFH. vom 12. 5. 1938 IV A 18/36 = RStBl. 1938 S. 812.

FSC
www.fsc.org
MIX
Papier | Fördert gute Waldnutzung
FSC® C083411

Kolibri 360 GmbH
Ferdinand-Jühlke-Straße 7
99095 Erfurt, Deutschland
produktsicherheit@kolibri360.de